ADICCIONES
No te encierres en tu silencio

Pablo Borda

Certeza Argentina. Buenos Aires 2007

Borda, Pablo
    Adicciones: no te encierres en tu silencio
– 1a. ed. – Buenos Aires : Certeza Argentina, 2006.
    144 p. ; 15x13 cm.

ISBN-13: 978-950-683-135-6

    1. Adicciones. I. Título
       CDD 362.29

Las citas bíblicas corresponden a la versión *Reina-Valera Revisada*, 1995.
Las fotografías fueron tomadas de Internet y usadas solo con fines ilustrativos.
Las personas fotografiadas no guardan relación alguna con el contenido del texto.

Edición: Elsa Viviana Barrón de Olivares y Adriana Powell
Diseño de tapa: Pablo Ortelli
Diagramación: Pablo Ortelli y M. Clara Riccomagno

Ediciones Certeza Argentina es la casa editorial de la Asociación Bíblica Universitaria
Argentina (ABUA), un encuentro de estudiantes, profesionales y amigos de distintas
iglesias evangélicas que confiesan a Jesucristo como Señor, y que se han comprometido
a ejercer un testimonio vivo en las universidades del país. Informaciones en:
Bernardo de Irigoyen 654, (C1072AAN) Ciudad Autónoma de Buenos Aires, Argentina.
Contactos: Ministerio a universitarios y secundarios: (54 11) 4331-5421
abua@ciudad.com.ar | www.abua.com.ar - Librerías y distribuidora: (54 11) 4331-5630,
4334-8278, 4345-5931 - Argentina: pedidos@certezaargentina.com.ar
Exterior: ventas@certezaargentina.com.ar - Editorial: (54 11) 4331-6651
certeza@certezaargentina.com.ar | www.certezajoven.com.ar

Impreso en Colombia. Printed in Colombia.

Contenido

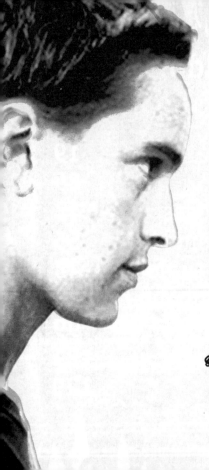

Antes de
que comiences
a leer este libro,
quiero que
imagines un vaso.

¡IMAGINA

¡Sí, un vaso vacío!
Con ese vaso en mente
comenzaremos a
conversar acerca del
consumo de drogas.
Supongo que estarás
preguntándote por qué
un vaso vacío.
Quiero que pienses
en un vaso
porque, **¡somos
parecidos a él!**

Hace algunos años que dedico gran parte de mi tiempo a acompañar a diferentes personas que padecen algún tipo de adicción. Son personas únicas y diferentes entre sí, pero entre ellas encontré algo en común:

su adicción siempre estaba *relacionada con su interior.*

Quiero confesarte que yo también experimenté en varios momentos de mi vida un profundo vacío interior.

6

VACÍOS

En realidad, aunque muchas veces pensé
que estaba lleno, la cruda realidad era otra.
¡Porque no es llenándonos con cualquier cosa
que podemos escapar de esa sensación de vacío!

¿Qué te parece si te explico
mejor esta idea de nuestra
semejanza con los vasos?

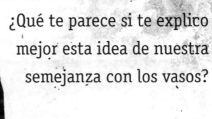

Estoy convencido de que fuimos diseñados por un inventor extraordinario, que nos creó con la capacidad de contener, al igual que un vaso, diferentes cosas. La idea de nuestro Creador, desde un principio, fue llenarnos de algo que nos permita tomar decisiones correctas y convertirnos en personas alegres, capaces, sanas y estables.

¡Necesitamos vivir con satisfacción!

¡Y tenemos todo lo necesario para alcanzar buenos resultados! Ese Creador quiere darle todo el color a nuestra vida.

¿Quién no se anotaría en este plan?

Crecer sanos, contar con buenos amigos, divertirnos, descubrir cosas nuevas, lograr éxito en los estudios, tener un trabajo que

disfrutemos y en el que ganemos dinero para mantenernos, compartir con una familia, estar felices con nuestra vida. ¡Todos soñamos alguna vez con estas cosas!

¿Sabes por qué? ¡Porque fuimos creados para una vida así! ¡Porque nos hace bien!

Estamos diseñados
para disfrutar la vida,

y para eso tenemos que estar llenos de lo que nos hace bien, de lo que nos hace felices. Así podremos alcanzar nuestras metas y cumplir nuestros deseos más profundos.

13

DISFRUTAR

Volvamos al vaso. Quizás te suena un poco loco, pero la realidad es que somos como vasos. Recuerda por un momento cómo pedimos un vaso: dame un vaso de agua, dame un vaso de gaseosa, de vino, de jugo… Cuando queremos un vaso con algo adentro, **lo que llena a ese vaso le da su identidad,** hasta cierto punto decide su nombre.

COMO
VASOS

Por eso es importante saber con qué llenamos nuestro interior, porque eso definirá nuestra
manera de vivir y de ser.

La idea de nuestro Creador
fue llenarnos él mismo
de lo que nos hace felices.

Pero no siempre los planes originales se cum-
plen. Por eso, muchas veces, en este gran conte-
nedor de envases y vasos llamado mundo, podemos encontrar **vasos que parecen llenos pero en
realidad se sienten vacíos.** ¿De qué están llenos,
y por qué les hace mal?

¿Llenos o vacíos?

Los viernes por la noche yo solía volver caminando a mi casa. A unas tres cuadras de casa encontraba una escena muy triste: jóvenes y adolescentes caídos en la vereda. **¡No eran uno o dos, eran muchos!** Algunos estaban desmayados en el piso, rodeados de botellas de vino y cerveza. Otros corrían con torpeza.

Se esforzaban por mantenerse en pie y trataban de golpear a los de un grupo adversario.

Había jovencitas tomando vino directamente de la botella. Muchos estaban fumando marihuana y se formaba una densa nube de humo. ¿Has visto alguna vez a tus vecinos o compañeros en ese estado? ¿Te han invitado alguna vez a participar? Aquellos que vi cerca de mi casa gritaban, se quejaban, insultaban. Algunos se reían de los que estaban peor que ellos. Yo no lo estaba soñando, estaba sucediendo. Lamentablemente, sé que no te estoy contando nada raro.

Muchachos y chicas que nacieron para llegar a vivir con alegría, pensaban que iban a lograrlo llenándose de alcohol, humo de marihuana o polvo de cocaína. Jóvenes que fueron creados para vivir una vida feliz, en realidad se estaban destruyendo. ¿Cómo llegaron a eso?

Habían elegido llenarse de esas sustancias que solo pueden dar **pequeños momentos de excitación**. ¡Pero te aseguro que no los veía felices! Y estoy seguro de que, al día siguiente, ellos también se sentían tan vacíos como antes, tan vacíos como un vaso vacío.

Pensé mucho en esas chicas y muchachos. Me di cuenta de que estaban haciéndose mal y perdiendo poco a poco la posibilidad de alcanzar sus sueños y proyectos.

Mi conclusión fue que *en realidad estaban vacíos.*

Si hubieran estado llenos de algo que valiera la pena, no hubieran necesitado buscar la felicidad de esa manera. He conocido a muchas personas que consumen drogas. La gran mayoría comienza a consumir porque experimentan un profundo vacío.

Es probable que tú también a veces te sientas vacío. Te entiendo, porque yo también lo viví. El problema se presenta cuando tratamos de cubrir ese vacío de cualquier manera. **No se trata de llenarnos y punto**. Tenemos que tomar en cuenta con qué nos llenamos.

¿CON QUÉ?

25

Quiero compartirte, en las siguientes páginas, algunas experiencias y enseñanzas que pueden ayudarte a elegir con libertad con qué quieres llenar tu vida, pensando también en las razones por las que puedes sentirte vacío.

AQUÍ COMIENZA

27

Tiempos violentos

¡¿Sabes algo?! Mi etapa adolescente marcó profundamente mi vida y por eso me animé a encarar este proyecto de escribir especialmente para ti. Hoy tengo un poco más de 30 años y puedo parecerte un poco viejo, pero yo siento muy cerca mi adolescencia. ¡Sí! ¡Alguna vez también tuve tu edad! Debo reconocer que fue un tiempo muy duro, muchas veces me sentí desganado y sin futuro. Sentí la presión de tener que 'ser alguien', pero en varias ocasiones mis elecciones fueron cuestionadas por las personas que me rodeaban. ¿Te sucedió algo parecido por estos días?

Algunos adultos ven la adolescencia como el tiempo en que los chicos son rebeldes sin causa y un poco tontos, están en la 'edad del pavo'. ¡Abran paso, que llegó el Pavo! ¡Fuera de aquí, eres un pesado insoportable! ¡Cuidado con el narigón, las hormonas lo tienen alterado! ¿Escuchaste alguna vez estas expresiones?

La verdad es que nadie saltea esta etapa, todos hemos experimentado estos *tiempos violentos*. **Es una etapa de intensa construcción**

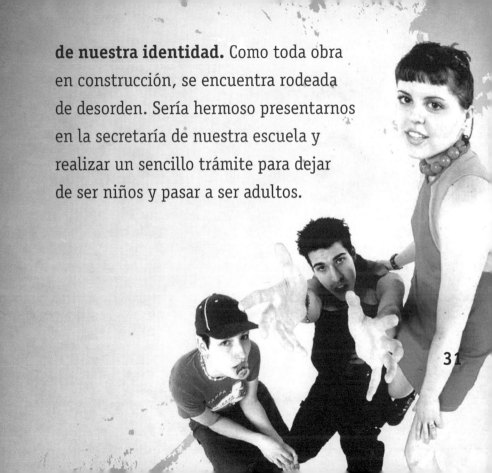

de nuestra identidad. Como toda obra en construcción, se encuentra rodeada de desorden. Sería hermoso presentarnos en la secretaría de nuestra escuela y realizar un sencillo trámite para dejar de ser niños y pasar a ser adultos.

31

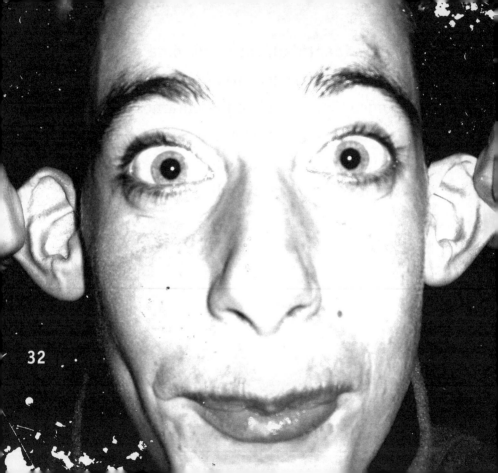

Firmar un formulario, completarlo con algunos pocos datos y listo, ¡tarea cumplida! Sin embargo, la realidad que nos toca experimentar es muy distinta.

Con frecuencia nos encerramos en nuestro cuarto, para que no nos vean, y jugamos con los soldaditos, los autos o las muñecas. Nos resistimos a recibir consejos. **Sentimos nostalgia por el pasado pero a la vez adrenalina por el futuro.**

NO ME ENTIENDO

Tenemos que tomar decisiones difíciles, como regalar esa amada bicicleta rodado número tres, que ya no puede sostener los dos metros lineales de piernas peludas. O desprendernos del oso de peluche que tenía esa musiquita que amábamos, y con el que a veces quisiéramos jugar un rato o llevarlo de nuevo a la cama para dormir sin miedo.

También se espera que logremos aprender nuevas costumbres... '¡Ya no debes hacer eso, es cosa de bebés!' Comenzamos a usar ropa diferente, y queremos saber si está o no a la moda.

En las conversaciones hay que hablar de temas más serios o hacer chistes brillantes que hagan reír a todo el mundo. En la escuela hay que estudiar un poco más. Comienzan las preguntas molestas sobre lo que vamos a hacer en el futuro. Y para completar el cuadro, ¡mantener la calma con nuestros padres que nos ponen en ridículo!

MADURAR

Escena típica: mamá vuelve corriendo a la puerta de la escuela, en el preciso instante en que estamos saludando a la muchacha que nos gusta, y nos entrega un abrigo grueso aunque el tedioso calor del verano parezca derretir el cemento. Sin embargo... cuando llegamos a casa no podemos dejar de reclamar esa deliciosa leche chocolateada que mamá prepara y sigue siendo nuestra merienda preferida. O el otro caso: tenemos una salida con el grupo de amigos y ¡papá dice que tiene que llevarnos en automóvil! Y además de darnos todas las indicaciones para que no nos perdamos, mira a los demás ¡y les explica que somos tan distraídos que nos perderíamos en un pueblo de una sola calle!

Aunque los amamos, durante esta etapa nos resulta difícil tolerar las actitudes de nuestros padres. Nuestros hermanos parecen más molestos que de costumbre. ¿Por qué todos están en contra de mí?, pensamos. Hasta nuestro cuerpo parece cambiar constantemente y a los varones el cambio de voz nos hace malas jugadas. Nos movemos con torpeza, y casi siempre tenemos la sensación de que cambiamos para peor.

La realidad es que pasamos por mucha presión, y por eso hay días en que tenemos muchas ganas de llorar; sentimos que nada vale la pena. No sabemos qué hacer, qué queremos o qué nos gusta. Pareciera que nadie nos comprende. Resulta difícil explicar lo que nos sucede, o hablar de ello con alguien. Todo eso es normal.

Es común tener una angustia muy grande, como un nudo en la garganta.

Una de las razones de la angustia es la falta de una identidad clara. ¿Somos niños o adultos? La verdad es que somos muy chicos para algunas cosas y demasiado grandes para otras. A veces nos sentimos seguros de nosotros mismos, y otras veces, ridículos. Los demás nos hacen sentir unos tontos precisamente cuando creíamos que estábamos haciendo las cosas bien. En este cuadro, ¿con quién hablamos acerca de lo que nos está pasando?

Así es esta etapa. Nos encontramos ante un cambio natural, ante el crecimiento inevitable, tanto físico como emocional. Es una experiencia personal y, hasta cierto punto, solitaria: cada uno de nosotros debe definir su manera de ser. Esta experiencia durará el tiempo que cada uno de nosotros necesite para dar forma a la identidad joven, para dejar atrás al niño y convertirnos en el adulto que deseamos ser.

Niños o Adultos

Propuestas
mentirosas

Hay quienes aprovechan lo complicado del momento para sacar ventajas. Cuando estamos mirando a nuestro alrededor, solos, intentando crecer… aparecen los que nos ofrecen la droga, con toda su seducción y sus mentiras engañosas. El planteo que nos hacen es que la droga puede llenar ese vacío que sentimos.

Por eso la mayoría de los jóvenes adictos comenzaron a consumir drogas durante la adolescencia, pensando que con ella solucionarían sus problemas afectivos en la familia, su sentimiento de soledad o de quedar fuera del grupo de amigos.

Si los demás lo hacen, ¿por qué no probar?

APArente soluCión

Recuerdo bien las palabras de un muchacho que estaba iniciando a uno de nuestros amigos en las drogas. Le decía insistentemente: ¡Yo manejo a la droga, no ella a mí! ¡Dale, está todo bien!

La verdad es que para ese amigo no estaba todo bien; su vida era un caos, la depresión oprimía su corazón, ya no tenía sueños, y sus esperanzas estaban agotadas. **Con tristeza pude ver cómo cedió**, dando un paso en falso, que con el tiempo solo agudizó su dolor y lo empujó al mundo de la droga.

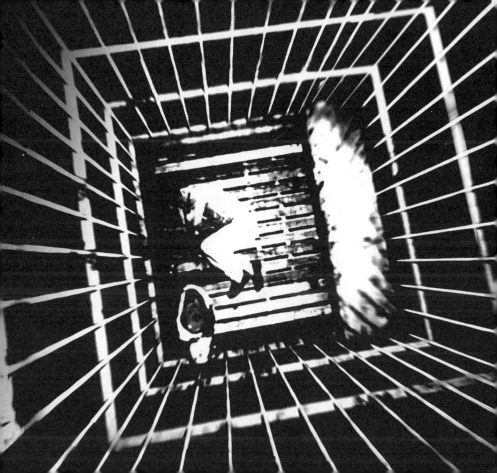

La experiencia me ha mostrado que se unen dos cosas: por un lado la etapa difícil de la adolescencia y por otro lado el que la droga es fácil de conseguir, está donde todos la pueden ver. No hace falta contratar a un guía especializado o conseguir un mapa especial.

La droga, lamentablemente, *está al alcance de nuestra mano.*

Los que se benefician con la venta de drogas van a las escuelas y a las universidades, y están también en la calle. En la actualidad, a muchísimos adolescentes les han ofrecido consumir drogas alguna vez. Los que la venden aprovechan la crisis de los adolescentes para mentirles, y prometen que las drogas llenarán el vacío que sienten en su interior.

Cuando un asesino quiere matar sin ser descubierto, generalmente utiliza un silenciador en su arma. ¿Has visto alguna película de acción con esta escena? Una noche oscura, ropa negra, hasta una siniestra capucha que oculta el rostro del asesino. Allí esta él, dispuesto a terminar con la vida de su víctima, con ayuda de un gran silenciador. No desea que se perciba el estruendo de su disparo. ¡La misión requiere no ser visto ni escuchado!

Así es la droga. Te promete algo que es incapaz de cumplir.

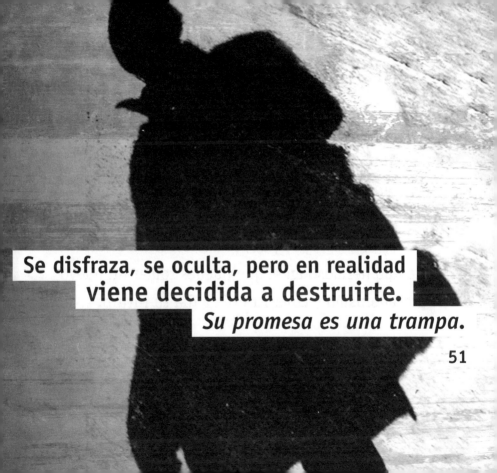

Se disfraza, se oculta, pero en realidad viene decidida a destruirte.

Su promesa es una trampa.

51

Pero ahora es tiempo de verla tal cual es, quitarle sus camuflajes y sus silenciadores; es tiempo de desenmascararla y despojarla de sus silencios mortales. **La violencia de la droga no tiene porqué llegar a tu vida**, no tiene porqué secuestrarte y decidir cuál será tu futuro o tu personalidad.

De algo estoy seguro, la adolescencia es un tiempo hermoso en el que puedes tomar un nuevo protagonismo y construir día a día tu futuro.

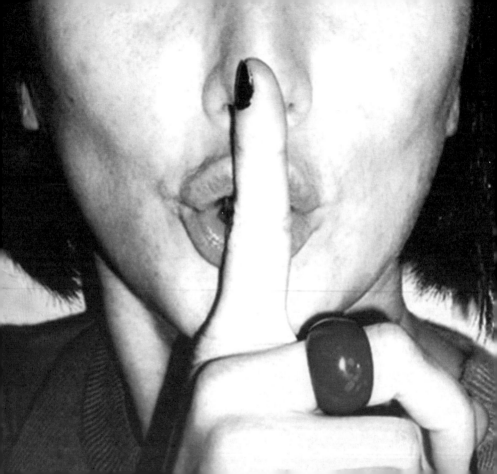

¡SHHHHH!

¡Hagan silencio!

Vamos a hacer un ejercicio para ver qué entendemos por adicto. Te invito a cerrar los ojos y a pensar en un adicto.

Presta atención a las imágenes que surjan en tu mente y también a toda otra sensación que experimentes.

¡Adelante, yo estaré aquí esperándote
para seguir recorriendo juntos este camino!
(Por amor a los libros te pido que después de unos
minutos vuelvas a abrir los ojos y sigas leyendo.)

¡Hola, qué bueno que volvieras, ya estaba extrañándote! ¿Cuál fue el resultado del ejercicio? ¿Cuáles fueron las imágenes y sensaciones que pudiste experimentar? En los últimos seis años he compartido mucho tiempo con personas que se encuentran atrapadas en el mundo de la droga; aun así, cada vez que cierro los ojos para realizar este ejercicio caigo en las mismas imágenes y preconceptos.

ViolEncia

No sé si algunas de estas imágenes vinieron a tu mente al pensar en un adicto, pero es común imaginar personas desalineadas, tatuajes, pelo largo y sucio, miradas duras, una estética del mundo del *rock and roll*, jeringas, botellas de alcohol, suciedad y oscuridad.

Muchas personas relacionan a la adicción con la marginalidad, con la violencia y con la rebeldía. Sin embargo, para entender mejor el problema de la droga, el primer punto es que entendamos el verdadero significado de la palabra adicto.

La palabra *adicto* significa *'sin dicción', que no habla.*

61

¿Sorprendido? El concepto de adicción es mucho más amplio que las imágenes que surgen en nuestra mente. Adictas no son solo las personas que consumen drogas, sino las personas que no pueden comunicarse.

Adictas son las personas que por algún motivo se encierran en sí mismas, se aíslan de los demás y no pueden compartir lo que les ocurre.

Pero estar calladas les provoca angustia y dolor, y entonces buscan tapar sus silencios con distintas actividades o sustancias.

Algunas se vuelcan al sexo, otras se vuelven adictas al trabajo, al deporte, a un pasatiempo o a las drogas.

¡Se puede ser adicto a diferentes cosas, aunque algunas de ellas *parezcan buenas!*

El verdadero problema de la gente que consume drogas es la falta de dicción, o dicho de otra forma, la *a-dicción*. Por eso el arma más poderosa que tenemos para combatir la droga es ser valientes, **abrir nuestro corazón, compartir nuestras debilidades y frustraciones con otros.**

Cuando sentimos que nos ahogan los problemas afectivos, la soledad, la falta de comunicación en la familia... **¿a qué actividades o a qué sustancias recurrimos para tapar esa incapacidad de comunicarnos, para llenar el vacío que sentimos?**

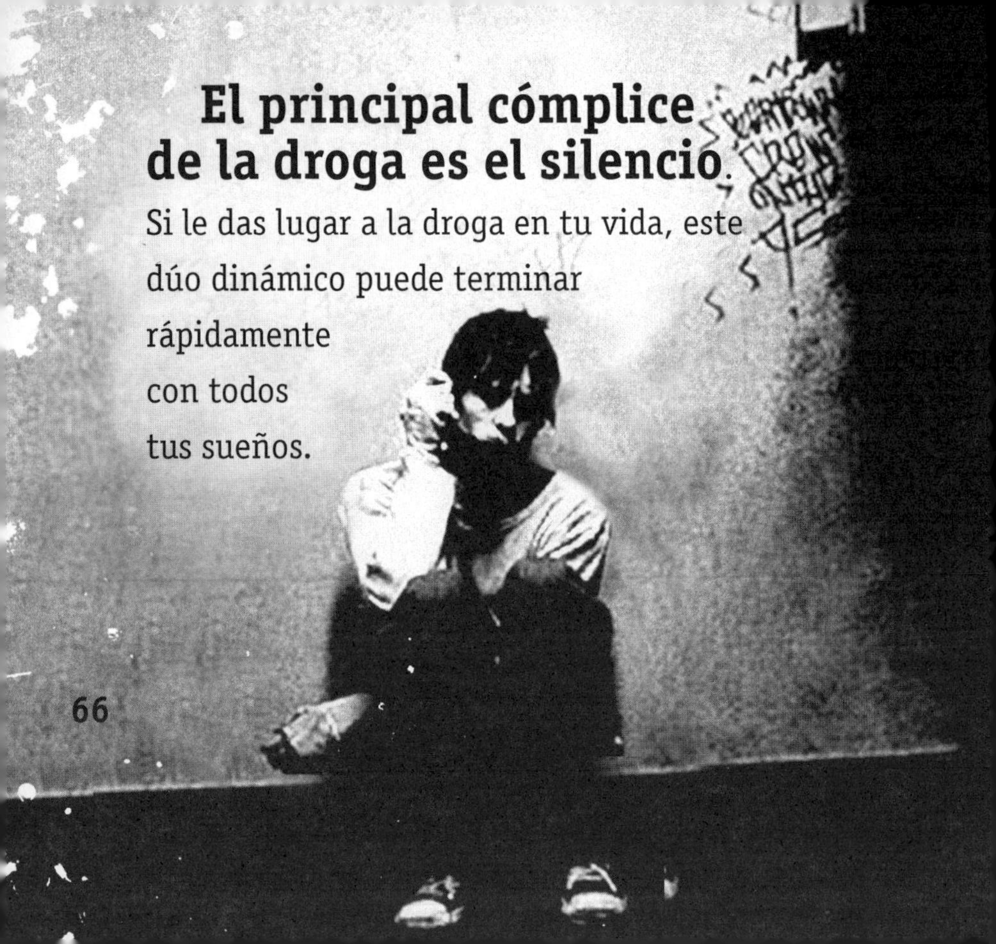

El principal cómplice
de la droga es el silencio.

Si le das lugar a la droga en tu vida, este

dúo dinámico puede terminar

rápidamente

con todos

tus sueños.

Juan solía pasar horas jugando en el vecindario, compartiendo sus sueños con sus amigos. Soñaba con ser locutor en alguna emisora de gran alcance. Pasaron los años, Juan sufrió varias desilusiones y las traiciones endurecieron su corazón. Finalmente Juan eligió el aislamiento. Dejó de frecuentar a sus amigos, redujo sus actividades y se dedicó a sobrevivir, mientras se refugiaba en el alcohol.

AISLARSE

A veces pienso que Juan debe llorar al ver un simple micrófono. Esta droga llamada alcohol mató su sueño y silenció al comunicador potencial que existía en su interior.

Cuando pasamos por un momento difícil y nos aislamos, estamos construyendo el puente para que entren las drogas. Si te sientes solo, desilusionado, triste, frustrado o incomprendido, si consumes drogas o estuviste tentado a hacerlo, te desafío a que comiences a gritar.

¡Sí! No creas que estás solo.

71.

No te encierres en tu dolor

Los pasillos de una escuela secundaria suelen estar llenos de gritos y corridas, especialmente a la hora de los descansos. ¡El recreo es el momento de compartir las mejores bromas, dejar caer algunos chistes ácidos y hacer planes para lo que haremos al salir de la escuela!

En medio de esta escena repetida, hace algún tiempo pude ver un cuadro diferente. Allí se encontraba María, sentada al pie de la escalera, en medio del revuelo.

María era una de las jóvenes más populares de la escuela, generalmente lograba convertirse en el centro de atención de todo el grupo. Excelente jugadora de *voley*, exitosa con los varones, esta muchacha **representaba el ideal al que aspiran los jóvenes**.

¿Mujer ideal?

Pero en esta ocasión María se presentaba como un estorbo que dificultaba el paso. Esto llamó mi atención y al mirarla me encontré con la humedad de sus lágrimas. ¡**Lloraba**, y su cuerpo temblaba de una manera descontrolada! Me acerqué a ella y le pregunté qué sucedía.

'¡No aguanto más, estoy cansada!,' expresó con enorme tristeza. '¡Me siento muy sola, no tengo con quien hablar de mis problemas!'

77

Me explicó que su madre, con quien le resultaba muy difícil hablar, había decidido mudarse a otro lugar, en el interior del país. Esta decisión la afectaba, ya que sorpresivamente debería cambiar de escuela y alejarse de su grupo. María nunca había sido consultada y se sentía desgarrada. Mientras me contaba lo que le estaba pasando, se quebró y me comentó que antes había consumido drogas como un juego, para no ser menos que los demás, pero que ahora la droga había dejado de ser un juego para convertirse en **un monstruo que la dominaba**. Todo el silencio que había estado acumulando comenzó a caer por esa escalera, como una gran catarata de emociones.

78

Decidimos llamar a su hermano mayor. Era su único familiar cercano, aunque por lo general tenía poco tiempo para María. La acompañé hasta el teléfono público de la escuela, hicimos un llamado y, contrariamente a lo que ella hubiera esperado, en pocos minutos su hermano estaba allí. **Pudieron tener una charla de café por varias horas**. Entre lágrimas, sonrisas y abrazos, su hermano se comprometió a acompañar a María en su tratamiento contra las drogas.

María necesitó romper el silencio y, en medio de su aparente soledad, hubo más de una persona dispuesta a escucharla.

¡Hay que empezar a hablar!

¡No perdamos la primera batalla contra la droga, comencemos a dialogar!

Nuestro desafío es jugar en equipo este partido contra la droga.

El fútbol es un juego hermoso. Me encanta ver la destreza y la magia de jugadores que parecen sacados de un circo. En una oportunidad tuve la posibilidad de jugar un partido de fútbol entre amigos, con la diferencia que dio la presencia de un jugador profesional en nuestro equipo. Todos estábamos muy emocionados; no era Diego Maradona, pero este hombre había obtenido varios títulos internacionales con la selección de Argentina y algunos clubes como Boca Juniors y Vélez Sársfield.

Fue especial jugar con él, observarlo detenidamente y prestar mucha atención a su juego. Jugó en casi todo el campo de juego, se asoció a todos los jugadores del equipo, buscó jugar con cada uno de ellos.

Era impresionante ver su pegada larga... la pelota recorría sesenta metros y caía suavemente a los pies de algún compañero bien ubicado para convertir un gol. La gran diferencia de este profesional con el resto de los jugadores fue su capacidad para jugar en equipo, su actitud de no aislarse en jugadas personales y egoístas.

¿Alguna vez observaste algún equipo de fútbol conformado por un solo jugador? ¡Estaríamos ante otro tipo de juego, se perdería toda la fantasía y la hermosura de este deporte! **No podemos jugar solos, aunque algunos intentan hacerlo.**

El juego individual no le hace bien al jugador ni al equipo. De la misma manera, en la vida y en las relaciones, la actitud de aislarnos y negarnos a compartir con las personas que nos rodean es el primer paso hacia la derrota. ¡Resiste la tentación de aislarte!

Es tiempo de sacarnos las caretas.
Es tiempo de hablar.
Es tiempo de crecer y de ser valientes.

Claro que no todas las personas que nos rodean pueden ayudarnos a salir del oscuro mundo de la droga...

Un buen día Javier tomó la decisión de buscar ayuda para dejar las drogas y se contactó con un grupo de terapia.

Javier es un buen muchacho con un gran corazón. Puso lo mejor de sí para salir del mundo de la droga. En poco tiempo logró mucho, y durante varios meses dejó de consumir. ¡Era increíble ver su cambio! Su rostro se transformó, hasta su manera de vestir comenzó a cambiar. Cuando Javier logró estar mejor y tuvo más lucidez, recordó a muchas personas con las cuales había consumido drogas.

Su buen corazón
lo impulsó a querer
tenderles una mano
y ayudarlos a salir.

89

Javier fue al lugar de encuentro de su antiguo grupo, y con entusiasmo comenzó a compartir con sus amigos de consumo lo que estaba sucediendo en su vida. ¡Pero en pocos minutos, **casi sin darse cuenta volvió a consumir!**

CONSUMO

Recuerdo la bronca y la tristeza de Javier cuando me contó lo sucedido. Sentía que había dado un paso hacia atrás en su lucha contra la droga. Cuando conversamos, Javier comprendió que este era un tiempo para él: para pensar y hacer cambios en su vida. Respiró profundo, me miró a los ojos y me dijo: **'¡Ya llegará el tiempo de ayudar a otros!'**

A la hora de romper el silencio, necesitamos preguntarnos:

¿Con quién nos conviene hablar?

No todas las personas que nos rodean pueden ser una ayuda apropiada, especialmente aquellos 'amigos' que la propia droga nos trajo.

93

Necesitamos cambiar de entorno, rodearnos de personas que nos alimenten de valores firmes y sanos donde apoyarnos.

Llega el tiempo de tomar decisiones, y no solo se trata de cambiar de conducta, sino también de ambiente. Tenemos que elegir con quién conversar, y luego iniciar el diálogo y esforzarnos por mantenerlo.

AMISTAD

Seguramente habrá personas dispuestas a jugar con nosotros en esta lucha contra la droga. En muchos casos puede ser necesaria la ayuda profesional, y no sería inteligente descartarla.

Una vez que nos pongamos en marcha y hayamos encontrado la persona adecuada con la cual conversar, ¡no escapemos!

Mantengamos el diálogo, *aunque tengamos altibajos.*

¡Necesitamos ayuda, necesitamos un cambio!

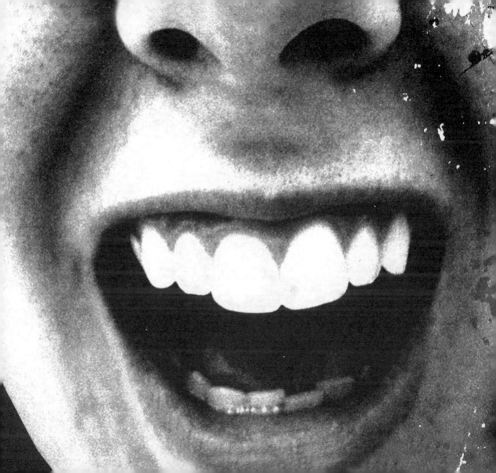

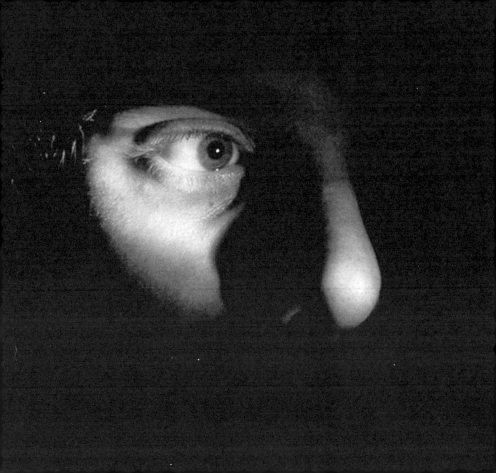

La mejor opción

Sé lo que sientes, porque lo viví.
Yo también pasé en mi adolescencia por senti-
mientos de mucho dolor y tristeza. Viví momentos de profunda soledad y vacío, y me llenaba de
desesperanza. ¡Pero finalmente entendí que debía
elegir entre seguir encerrado en mi tristeza o
armarme de valentía para enfrentar las dificultades que tenía ocultas!

Cuando uno se siente vacío, necesita coraje para animarse a decidir cómo llenar la vida con algo que haga bien.

Ya viste que llenarse de drogas no resuelve el problema y más bien tiene consecuencias negativas para tu vida. **Las drogas te hacen inestable**. Te dañan. Las drogas te dispersan, no te permiten concentrarte en lo verdaderamente importante. Lastiman tus emociones y perjudican tu relación con los demás.

Cuando menos lo imaginas comienzan a aparecer en tu cuerpo las heridas del *consumo: enfermedades infecciosas, lesiones.*

POISON

103

La Biblia dice que los hombres de doble ánimo son inestables en todos sus caminos. Eso quiere decir que **están indecisos, sin un rumbo claro**. La droga es una sustancia inestable. Tanto la cocaína como el alcohol o cualquier otra droga se caracterizan por ser sustancias inestables. Una persona alcoholizada camina a los tumbos y suele darse bastantes golpes.

No dejes que ninguna sustancia inestable se adueñe de tu personalidad y te transforme en alguien inestable, que no puede alcanzar sus sueños y proyectos.

Pero, ¿cuál sería una mejor opción? Quiero que pienses en Jesús. Él tiene la mejor propuesta para llenar tu vaso interior. Por eso quiero hablarte sobre él.

Imagino que estarás preguntándote ¿qué tiene que ver Jesús con ser adolescente, sentirse vacío y consumir drogas? ¡Es un personaje de otra época!

Es cierto que Jesús nunca tuvo que enfrentarse contra la cocaína, la marihuana o las píldoras del éxtasis. **Pero sí tuvo que decidir qué hacer con su vida**. Y en ese punto es un buen modelo. Porque en los tiempos de Jesús la gente también se sentía vacía, desilusionada, y cada uno debía elegir con qué llenar su vida.

Cuando se le presentaron opciones, Jesús fue valiente. Decidió cumplir las metas que Dios le había dado, aunque eso significara experimentar dificultades. ¡Jesús decidió **jugarse hasta la muerte**! Poco antes de morir luchó con la idea de tomar un atajo y evadirse del dolor. La realidad es que él podría haberlo hecho. Había realizado muchos milagros: había sanado enfermos, ¡hasta había resucitado muertos! Jesús podría haberse bajado de la cruz donde lo crucificaron, y podría haber hecho justicia por sus propias manos.

Pero no esquivó las dificultades, y le hizo frente a lo que debía hacer. Eligió obedecer a Dios.

¿Pensaste que si te ofrecen droga te están proponiendo hacer un atajo para evitar los desafíos de la vida? Vivir una existencia plena tiene sus lados difíciles, y es una gran tentación escapar por un atajo. Jesús sufrió muchas tentaciones, pero las venció. Y la Biblia dice que él tiene poder para socorrernos cuando somos tentados. ¡Jesús puede hacer la diferencia cuando estés tentado a consumir drogas! ¡Él está dispuesto a tenderte una mano!

Jesús quiere acompañarte y luchar contigo esta batalla contra las drogas.

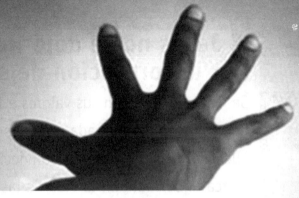

En el momento más duro de su vida, sus amigos más cercanos lo dejaron solo. Jesús sabe lo difícil que es mantener firmes tus decisiones en medio de las crisis. Él puede darte las fuerzas que te faltan. Él puede comprenderte y acompañarte en medio de tu soledad.

Jesús no se dejó influenciar por la corrupción de su época.

Se mantuvo firme en sus valores e ideales y trabajó duro para concretar cada uno de sus propósitos. Luchó firmemente por sus convicciones, y dejó una marca imborrable en la vida de las personas que lo conocieron. En medio de sus crisis y batallas, él no buscó refugio en sustancias ni en actividades que no valen la pena. Supo decidir con verdadera libertad cuál sería su camino, y dejó en claro su personalidad estable y madura.

valores

Quiero contarte que yo soy una de esas personas que aprendió a confiar en Jesús como su mejor amigo. Si en mi vida hubo algún cambio positivo, no puedo dejar de reconocer que **siempre mi amigo Jesús tuvo algo que ver**. ¡Estoy sumamente agradecido por haberlo conocido desde joven! Fue Jesús y su inspiradora historia de vida quien me ayudó a reconocer mis dificultades desde otro ángulo.

Él me ayudó en la difícil tarea de abrirme y hablar con otros que pudieran ayudarme. Junto a él mi vida comenzó a tomar verdadera dimensión. ¡Es más, él es el dueño de mi vida, y descubro cada día que vale la pena confiar en él!

¡Quiero que mi vida *esté llena de él!*

117

La Biblia nos relata las conversaciones de Jesús con su Padre, quien fue su apoyo y sostén en todo momento. En esta comunicación Jesús encontró las fuerzas para salir adelante. Si aceptas la vida que él te ofrece, además de dialogar con Dios podrás conocer y conversar con quienes forman parte de una gran familia: **nuevos amigos y amigas que han experimentado el poder de Dios.** Entre ellos seguramente habrá algunos que estarán dispuestos a escucharte con amor y a acompañarte de manera práctica en este valiente proceso de abrir tu corazón.

No te quedes aislado; pídele a Dios que te ayude a encontrar la persona adecuada con la cual conversar. Es más, la comunidad de los que siguen a Jesús es un gran invento de Dios para que nadie, absolutamente nadie, tenga que vivir sin una familia.

¡Llena tu vaso!

Dios nos ama y nos diseñó como un vaso para ser llenos por él. Pero mientras le damos la espalda y vivimos como se nos da la gana, eso resulta imposible. Por eso Jesús murió, aunque era inocente, para que Dios nos perdonara a nosotros que solemos equivocarnos.

121

Si nos volvemos a él, tenemos la oportunidad de comenzar una nueva vida.

¡Dios quiere darte un propósito grandioso,
y él te ayudará a cumplirlo!

NUEVA VIDA

En tu amistad con Jesús, podrás encontrar el sentido para tu vida, fuerzas para encarar tus sueños y proyectos, y para superar los momentos difíciles. Él está interesado en que alcances tus metas y que puedas cumplir tus deseos más profundos. Cada pensamiento de Jesús para tu vida tiene el fin de hacerte bien y de ayudarte a cumplir el perfecto propósito de Dios. ¡Eso te dará la verdadera felicidad!

Él no quiere que te encuentres solo, desea acompañarte a todos lados. Seguir a Jesús no se trata de una religión, sino de tener una relación personal con él.

COMPAÑIA

Cuando comprendí que podía tener esa clase de relación con Jesús, nunca más me sentí solo. Desde ese día hasta hoy he pasado por diferentes situaciones. Muchas veces me encontré feliz, pero también tuve momentos de mucho dolor y tristeza.

La diferencia es que nunca más *volví a sentirme vacío y solo.*

Hoy tengo un verdadero amigo en Jesús y sus enseñanzas me acompañan tanto en los momentos difíciles como cuando todo está bien.

Él quiere ser tu mejor amigo.

Jesús tiene mucho para darte y para enseñarte; sus valores pueden llenar tu vida de alegría y fortaleza. Jesús vivió una vida llena de alegrías y de dificultades, igual que tú; él puede comprenderte y sentir lo que estás sintiendo ahora, y está dispuesto a comprometerse contigo.

Volver
del vacío

Daniel le había dado lugar a Jesús en su vida cuando era todavía niño. Tuvo una hermosa infancia, marcada por una buena educación, una preciosa familia y muchos buenos amigos.

En la adolescencia, Daniel dejó los caminos
de Dios y decidió buscar felicidad en otras cosas.
Incursionó en la música *punk* y pronto su aspecto
y su conducta cambiaron.

Sin pensarlo se sumergió *en una vida violenta.*

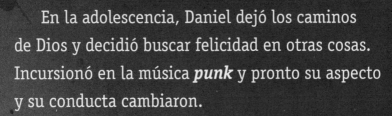

A cada paso iba perdiendo la
alegría, mientras la angustia
crecía en su interior.

Fue allí que la droga comenzó a ser su nuevo refugio. En apenas dos años Daniel quedó desprotegido, desesperado. **Cansado y sin salida aparente, ¡decidió terminar con su vida!** Felizmente no pudo lograrlo y despertó en un cuarto de hospital. Allí, envuelto en vendajes y con varias sondas conectadas a su cuerpo, pudo encontrarse nuevamente con el Dios de su niñez.

Daniel recordó aquellos hermosos momentos cuando Dios lo guiaba. Pudo reconocer, como escenas en una película, la manera en que cada promesa de Dios se había cumplido en su breve vida. Entonces volvió a Jesús, y hoy trabaja ayudando a otros que sufren y se encuentran marginados. ¡Su historia adquirió un profundo propósito! **Las drogas ya no tienen lugar en su vida**. Daniel conoce la fidelidad de un Jesús que pudo llenarlo de esperanza y satisfacción.

Hoy es tu gran día, el día en el cual puedes vaciar tu vaso de aquellas sustancias inesta- bles, que atentan contra tu vida y tus sueños. Hoy puedes permitirle a Jesús llenar tu vida de esperanza y puedes comenzar a caminar con él. ¡Puedes tener una relación personal con aquel que te diseñó y quiere acompañarte en este desafío de crecer!

¡Llena tu vaso de Jesús y celebra por la verdadera libertad!

Acción Cristiana
por el Olvidado

es una Organización No Gubernamental que
funciona desde el año 2000. Su objetivo es
integrar y favorecer los procesos de rehabilitación
y reinserción social de sufrientes mentales.
Si quieres conocer más sobre nuestro trabajo
solidario, sumarte a nuestro equipo de volunta-
rios o brindarnos tu apoyo, puedes ponerte
en contacto visitando nuestro sitio web:

www.accioncristiana.org.ar

Dios también elije burros

Adrián Intrieri

Certeza

Hacia una autoestima sana

Este libro te ayudará a reconocer lo valioso que eres.

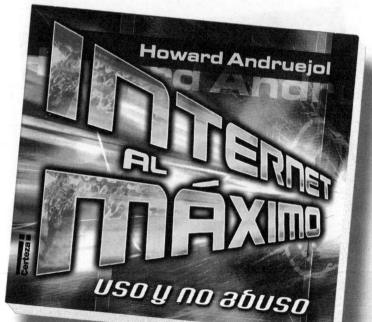

Howard Andruejol

INTERNET AL MÁXIMO

uso y no abuso

Para aprovechar las oportunidades que brinda
y separarte de sus peligros.

Certeza

LIBROS QUE IMPACTAN

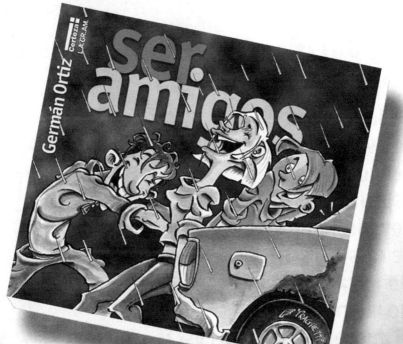

Claves para relaciones profundas y duraderas.

Germán Ortiz

ser amigos

Certeza
LIBROS QUE IMPACTAN

Soy parte del equipo de los que no se avergüenzan. Tengo el poder del Espíritu Santo. Soy discípulo de Cristo. **No miraré atrás.** No me rendiré. Si puedes hacer tuyas estas palabras, eres un discípulo peligroso. **Un rebelde por la causa de Cristo.**

Certeza

el amor de mi vida

Germán y Daniela Ortiz

¿Quién será?

¿Quién será? ¿Cómo puedo estar seguro?

Certeza
LIBROS QUE IMPACTAN

Esta edición se terminó de imprimir en Editorial Buena Semilla,
Carrera 28a, nº64 a-34, Bogotá, Colombia,
en el mes de septiembre de 2012.